1

宮城 震度7

河北新報

3月 11日（金）

河北新報社
仙台市青葉区五橋1-2-28
（郵便番号 980-8660）

「東」は、未来

電話（022）211
読者相談室 1447
報道部1127 販売部1304
スポーツ部1130 営業部1318
夕刊編集部1146 営業管理部1312
生活文化部1132 事業部1332
総合案内（022）211-1111
ご購読申し込みは
0120-09-3746

地震により津波が発生。岩手県釜石で流される車など＝11日午後3時20分ごろ（NHKニュースの映像から）

M8.8

大津波被害

号外

11日午後2時46分ごろ、東北地方を中心とする東日本の広い範囲で強い地震があり、宮城県で震度7を記録した。気象庁によると、震度7は宮城県北部。震源地は三陸沖で、震源の深さは約10㌔。地震の規模を示すマグニチュード（M）は8・8。

気象庁は岩手、宮城、福島の太平洋沿岸に大津波警報を発令。北海道から伊豆諸島にかけて津波警報を出した。東北電力などによると、宮城県の女川原発が自動停止した。

震度6強は、宮城県中部、福島県中通り、福島県浜通り、茨城県北部など。震度6弱は、岩手県沿岸南部、岩手県内陸北部、岩手県内陸南部、宮城県南部、福島県会津、栃木県北部、栃木県南部、千葉県北西部など。

気象庁によると、岩手県釜石市で最大4・2㍍の津波を観測した。同市の港などで多数の車が海に流されるなど大きな被害が出ている。

仙台市消防局によると、市内で火災5件の発生を確認。救助要請が2件、救急要請が8件、ガス漏れと油漏れが各1件。死傷者の情報は把握されていない。

携帯電話各社は、携帯やパソコンで親族などの安否を確認できる「災害用伝言板」の運用開始に向け準備を急いでいる。

国内で震度7を観測したのは2004年の新潟県中越地震以来、7年ぶり。

2011年3月11日号外

発災当日の夕方に配布された河北新報号外1面。
M8.8の数字は、3月13日に気象庁がM9.0に修正した。

大津波

地震で倒壊した仙台市内のビール工場の施設。建物屋上には大勢の従業員が避難している＝11日午後3時36分

各地の震度

11日午後2時46分ごろの地震で、震度6弱以上を観測した各地の震度は次の通り。

震度7＝栗原築館（宮城）

震度6強＝涌谷、登米米山、登米南方、大崎、大崎古川北、大崎鹿島台、名取、蔵王、山元、仙台宮城野、塩釜、東松島、大衡（宮城）白河新白河、須賀川岩瀬、須賀川、二本松針道、鏡石、楢葉、富岡、大熊、双葉、浪江、新地（福島）日立助川、笠間中央、筑西、鉾田当間（茨城）大田原湯津上、宇都宮白沢、真岡石島、高根沢（栃木）

震度6弱＝大船渡、大船渡猪川、釜石中妻、滝沢、矢巾、花巻大迫、一関山目、一関花泉、一関千厩、一関室根、奥州前沢、奥州衣川（岩手）気仙沼、栗原、登米、登米東和、登米豊里、登米公民館、登米迫、南三陸志津川、南三陸歌津、大崎松山、白石、仙台若林、角田、岩沼、大河原、川崎、亘理、仙台青葉、仙台宮城野、仙台、仙台泉、石巻、石巻門脇、石巻北上、石巻鮎川浜、東松島矢本、松島、利府、大和、涌谷（宮城）郡山、郡山開成、郡山湖南、白河表郷、須賀川八幡山、須賀川長沼、二本松、二本松油井、桑折、国見、川俣、西郷、中島、矢吹、棚倉、玉川、浅川、小野中通、小野町役場、田村大越、田村常葉、田村都路、田村船引、伊達梁川、小名浜、いわき三和、いわき錦、いわき、相馬、広野下北迫大谷地原、川内上川内小山平、川内村役場、大熊野上、飯舘、南相馬原町高見、南相馬鹿島、南相馬小高、猪苗代千代田（福島）水戸、水戸千波、常陸大田金井、常陸大田高柿、高萩安良川、北茨城、ひたちなか南神敷台、ひたちなか東石川、東海村、常陸大宮、城里、小美玉小川、小美玉堅倉、土浦、土浦下高津、石岡柿岡、石岡、取手、つくば天王台、つくば、鹿嶋、潮来、坂東山、稲敷市役所、かすみがうら上土田、行方玉造、桜川岩瀬、鉾田、つくばみらい加藤（茨城）大田原、那須、那須塩原鍋掛、那須塩原あたご、真岡田町、真岡、芳賀、那須烏山、那須烏山大金、那珂川馬頭、那珂川小川（栃木）桐生元宿（群馬）宮代（埼玉）成田、印西、印西笠神（千葉）

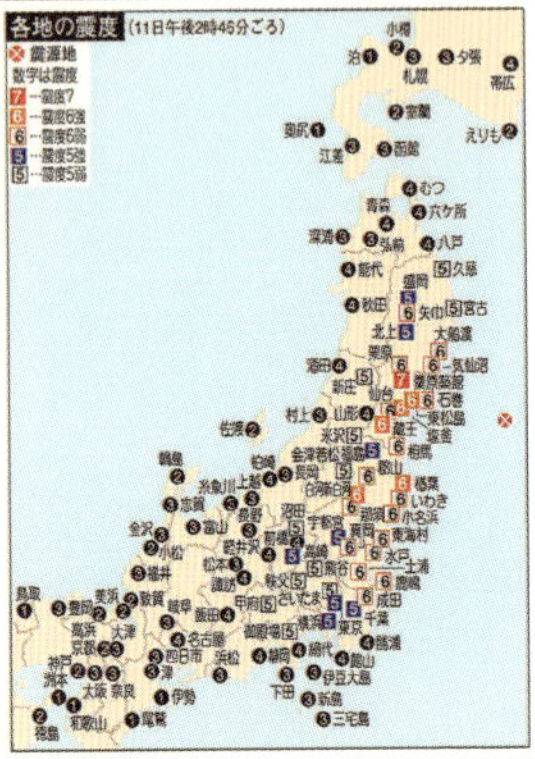

陸自災害派遣
「安全へ総力」首相

政府は11日、東北・関東大地震を受け、菅直人首相と全閣僚が出席した緊急災害対策本部を官邸で数回開き、自衛隊や警察広域緊急援助隊などを被災地に最大限派遣し、救援、救助活動に総力を挙げる方針を決めた。これを受けて陸上自衛隊は部隊を災害派遣で出動させた。

首相は記者会見で「国民の安全を確保し被害を最小限に抑えるため、政府として総力を挙げる」と表明。被災地の原子力発電所について「一部が自動停止したが、外部への放射性物質の影響は確認されていない」と述べた。

会合では「政府としても全身全霊で頑張る。国民の皆さんは助け合いの精神を発揮し、落ち着いて冷静、迅速に行動してほしい」と呼び掛けた。

政府は11日、東祥三内閣府副大臣を自衛隊ヘリコプターで地震被害の激しい宮城県に派遣。各府省の政務三役に対し、担当府省に登庁して対応するよう指示した。

基本方針は被災地に関し「深刻な被害が発生しているもようだ」と指摘した上で、「関係省庁は情報の収集を迅速に行い、被害状況の把握に全力を尽くす」と強調。①緊急輸送路や被災地上空の航空安全の確保②ライフライン、交通機関の復旧③官民一体となった広域応援活動の促進―に取り組むとした。

2011年3月12日　河北新報

河北新報

3月12日（土）

河北新報社

宮城 震度7

M8.8 国内最大

死者・不明者多数

原子力緊急事態を宣言　福島第一

原子炉の水位低下　6000人に避難指示

減ページと遅配のおわび

東北・関東大地震で特別紙面

2 初の巨大複合型災害
3 「想定外」と気象庁
4 被害拡大 写真で追う
5 テレビ・ラジオ面
6 仙台市内も爪跡深く
7 街消えた 被災地ルポ

河北春秋

2011年3月12日朝刊

ライフラインが途絶し、どこで、何が起きているのか分からない大きな不安の中で、ラジオから流れる声と届けられた新聞の記事が乱れる心を鎮め事態を知る貴重な情報源となった。

2011年3月12日午後2時ごろ、宮城県南三陸町（写真提供／河北新報社）

津波が襲来して一夜明けた宮城県南三陸町。変わり果てた町の中を、お年寄りを背負って歩く女性。すべてを流されても残された命が助け合う。生き抜くための力強さが見える。

2011年3月11日午後8時30分ごろ、仙台市若林区の荒町小（写真提供／河北新報社）

震災当日の緊急避難場所になった体育館。暗がりの中、不安がのしかかってきて眠れぬ夜。命をつなぐ灯（ともしび）。

2011年3月13日午後3時ごろ、岩手県大槌町（写真提供／河北新報社）

津波の被害で壊滅状態の街中の景色。がれきの中を自転車を引いて歩く2人。少年は下を向いてはいるが前へと歩き続ける。

2011年3月14日午後0時15分ごろ、岩手県大槌町の大槌高（写真提供／河北新報社）

大槌高校生によるボランティア活動。元気な子どもたちが元気のない子ども、大人たちに元気と温もりを手渡す無償の行為。絆の形。

2011年3月17日、宮城県南三陸町の入谷小（写真提供／河北新報社）

避難所で出会った男の子に絵本を読み聞かせる女子高生。震災から1週間、外はまだがれきの山。こうした心を伝えあう姿は、まさしく未来への希望そのものと言える。

千の流れ星

漂流ポストに寄せられた千通の手紙より

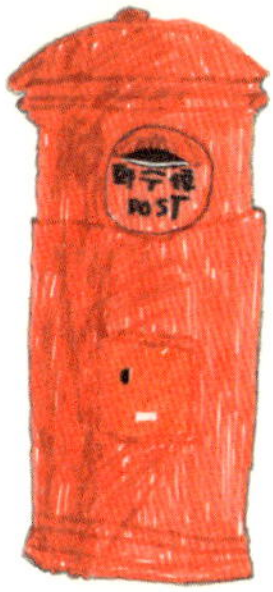

狩野耕生

協力 赤川勇治（漂流ポスト創設者）

あいたい
抱きしめたい

２０１１年３月１１日
東日本大震災で大切な人を喪った被災地の人々は
悲しみに向き合い生きることの意味を探し続けてきました
それぞれの手紙には天国の大切な人へ向けた
愛の言葉が綴られて・・・

漂流ポスト
（追悼碑文）

はじめに

約2万人もの尊い命が失われた東日本大震災。統計上の数字では到底表すことのできない深い哀しみは、今も消えることはありません。岩手県陸前高田市にある「漂流ポスト」は、そうした心の叫びを受け止めてきました。2023年秋、「漂流ポスト」が開設10年を節目に役割を終えようとしていると伝えるテレビ番組を見た私は、これは決してなくしてはならない心の寄る辺だと感じ、「本にしてこれまでの軌跡を残しましょう」と、「漂流ポスト」の創設者である赤川勇治氏に手紙を書きました。幸いにも賛同をいただき、出版までこぎ着くことができました。哀しみに見舞われて途方に暮れている人たちが、自分はひとりではないと、少しでも感じられる一冊になればと心から願っています。

＊本書では「漂流ポスト」に寄せられた手紙の中から40通を紹介します。選択の基準は著者の独断によるものであることをご容赦ください。記名、連絡先のあるものは本人の許諾を得ており、記名のないものは「漂流ポスト」で公開されていて運営管理者の同意を得ているものです。また、原文を尊重し、書かれているままの漢字、かな使いで表記しました。明らかな誤字・脱字であると著者が判断した場合のみ、加筆、修正しています。

「漂流ポスト」があったカフェ〈森の小舎〉

陸前高田市広田　～2024年春

届いた手紙を閲覧できた森の中の小舎
陸前高田市広田　～2024年春

「漂流ポスト」と並ぶ追悼碑
陸前高田市広田　～2024年春

愛の手紙を受け取り続ける「漂流ポスト」

「漂流ポスト」を設置したのは、東日本大震災が起きてから約2年後の、2013年3月のことでした。

震災以前の1989年に、陸前高田市の広田半島の高台にある森の中の一角に、老後のセカンドハウス用として土地を購入し、1998年、当地に念願の建物を建設。2010年に全ての仕事を辞めて広田半島に半移住し、同時に〈森の小舎《こや》〉という名のカフェをオープンしていたのですが、その1年後に東日本大震災に見舞われました。

2011年3月11日に発生した東日本大震災と巨大津波は、岩手、宮城、福島沿岸に壊滅的な被害をもたらしました。

住んでいた街は津波に跡形もなくのみ込まれ、家は壊され、愛する人もその一瞬で失われました。

幸い、カフェ〈森の小舎〉は高台にあったので津波の被害は免れましたが、陸前高田市の街は地震の揺れと巨大津波で破壊され、自宅のある水沢へ帰る道路が寸断されて、数日の間、〈森の小舎〉の建物に閉じ込められる状態が続きました。その間、地元の方々には大変お世話になりました。

震災後しばらくは、地震・津波で被害を受けた混乱の極みの中、ひとときの癒やしを求めてカフェを訪れる方々の話し相手となっていました。口には出せず、深い哀しみを心に押し込めた多くの方々が存在することを痛感し、発災から約2年がたって落ち着きを取り戻し始めたころ、消えることのない苦しい胸の内をつづった〝宛名のない手紙〟を届けられる場所として「漂流ポスト」の設置を思い付きました。

それから約10年、公開の許しを得た便り約600通と、非公開を望まれた便り400通、合わせて約1000通の便りを受け取ってきました。

内容は、実にさまざまで、足し算をした〝千〟という数字ではなく、それぞれの方々の、それぞれの心から、あふれる思いがつづられた一通一通が感慨深いものです。空の住人となった人へ届くようにと宛名のない手紙を受け取り続けてきて、多少なりとも癒やしと支えの役目を果たせたかなと思っています。

今回、私の年齢と家族の事情が重なったこともあり、10年を一区切りとして、「漂流ポスト」の管理を、地元の慈恩寺先住職古山敬光氏に引き受けていただくことになりました。

「漂流ポスト」の継続を望まれている方にとっても、私にとっても、非常にありがたいことで、人のご縁というものを感じざるを得ません。

十数年の時を経て、生活も徐々に日常を取り戻し、街の全てが新しい街へと姿を変えても、生き残った人たちは、愛する人を失った哀しみを背負ったまま、今日も前へと進もうとしています。

愛する人を失った心の傷が癒えずにいるとしても、前へと。

「漂流ポスト」は、耐え切れなくなった心の涙を受け止める存在として、これからも愛の手紙を受け取り続けます。

2025年1月　冬の寒い日に　　赤川　勇治

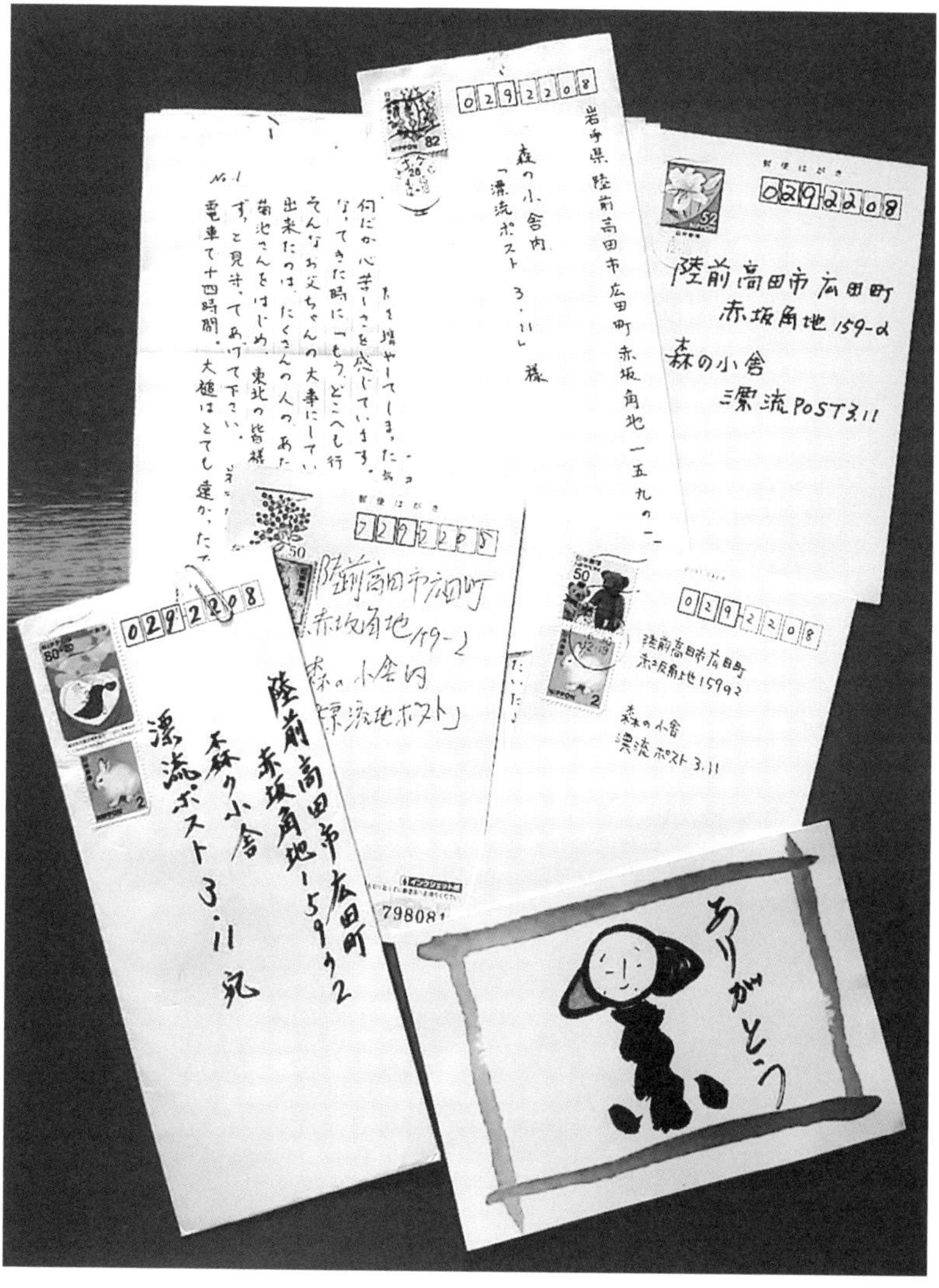

0292208
岩手県陸前高田市広田町赤坂角地一五九の二
森の小舎内
「漂流ポスト3・11」様
陸前高田市広田町
赤坂角地159-2
森の小舎
漂流POST3.11
ありがとう

寄せられた手紙

目次

地震が起きた時の時間で止まったままの時計

漂う思い

手紙1

あれから6年・・・早いなあ
俺の中では3・11で止まっている。
親父、おふくろ、蓮華。
3人、元気でやってるか？
俺はあの日が起きてから生きることをあきらめた。
死のうと思った。
海が、憎くなり、見たくもなく、知らない土地へ逃げようと思っていた。
その時だった。家の片付けをしていた時
親父の時計と母のネックレスが見つかる。
時計は壊れ、そして修理、母のネックレスは今も身につけている。
そんな時間が過ぎた頃・・・・、一本のTEL。
知らない人からの電話。
あの～、でえくさん（大工さん）ですか？

一応。ってか、船大工は父親です。(俺)
息子？（あれこれ・・・・）
まあ、残っている船がある。直してくれ。使いたい。
・・・と、スミマセン。海も船も見たくないんですよ。
看板、降ろすつもりです。(俺)
なに!! こんなジジィが動き出すというのにあきらめる？
直せ！ この船だけでも。
材料も、車もない。技術だって半人前。
それでもやれ！と言う。 意地になり修理。
どことなく修理のＴＥＬが。話が広まる。
二代目が動き出してると。
・・・・・・・・。 親父。
ありがとう。貴男の作ってくれた人脈が
今の俺を生かしてくれている。

蓮華（娘）へ。
3才という若さ。人生でしたね。
パパが代われるなら、代わりたいよ。
今もそう思う。忘れられる訳が無い。
生まれて来てくれた時、
一緒にお風呂、散歩、ドライブ、色々。
じっち、ばっぱと楽しくしてる？
きっと3人で楽しくしてるんだろうなぁ。
パパは貴女へ何が出来ましたか？
良いパパでいてあげる事ができましたか？
家族で過ごした自宅を直したよ。全部おなじに直した。
走り回ってた同じ家だよ。
3人でおいで。待ってる。

母へ。
全てを受け入れてくれた母。
文句を言っても、グレた時も、何があっても俺のそばに居てくれた母。
貴女はいつも俺を守ってくれた。
今、身の回りの事が出来るのも全て小さな時から教えてくれた事が
俺を生かしてくれています。
キレイ好きな母。俺は貴女に似ましたよ。
親父、おふくろ、蓮華。
おれは負けねえ！空から見えるだろ⁉
トラックの看板。夕方になると光る
遠藤造船の光が。
俺はここに居る。
居るぞ！

宮城県石巻市　遠藤

手紙2

お〜い　〇〇夫
3年が過ぎたが何処にいるのかなぁ〜
母さんが、あの日から元気もなく、お前の帰りを待っている。
お前の・・・名前を・・・
俺もだ。
一番待っているのはお前の家族だ〜
母さんが、母さんが・・・。
この手紙、広田（漂流ポスト）に届けておくよ。

兄□□より

手紙3

河辺克彦君

元気でいますか。

死んでないのなら、いつか捜しにいきます。

私は、人生を一度リセットする羽目になりました。

２０１４・５・２１　同級生の一人

神奈川県御殿場市　阿南

手紙4

あの痛ましい日から三年過ぎても、まだ苦しい毎日とのたたかいの様子が、日本の最西端にある長崎の地方紙に報道されました。

日本の西の果て「佐世保市」に在住するひとりの市民（老人）ですが、赤川様の思いに感動しペンを執っています。

共感覚えながらも何もしない自分に歯痒い思いをしながら、当時は錦地の数紙の新聞を購入し被害の実態を知り、見舞金の拠出しかできなかったことは恥じ入るばかりです。

三県の被災地では、まだ三千人を超える方が捜索されており、それは困難を極めているとのこと・・・言葉になりません。

現地で、住民の皆さんの吐き出せない心中を慮り、漂う思いを受け止める気持ちを早速行動に移されて

〃漂流ポスト〃なるものを設置され、多くの被災者が癒されてる由、敬服するばかりです。

もう少し若ければ、がれきの除去や荒地の捜索ができるのに・・と、
気持ちを寄せてはいますが、ボランティアが実現できたかの自信はありません。
今は、自身の体調維持で目一杯なので何もできませんが、
かわりに心ばかりの気持ち受けていただけませんか、
赤川様の意に添えないことは承知していますが、
感動した初老の気持ちをお受けください。
末筆ながら、被害者、遺族の皆様のご健勝と
多くの方々のご冥福をお祈り申し上げます。
また、赤川様の優しい気持ちは被害に遭った高田市民や多くの皆様にとって、
心の拠りどころとなっていることと拝察しますから、くれぐれもご自愛の上、
これからも被災者のささえになってください。
錦地の復興を心からお祈りしております。

敬具

赤川様

手紙5

前略

陸前高田市の出身の者です。

震災前の帰省の時は、高田の町や松原を義妹の自転車で散歩し、故郷を懐かしみました。

しかし大震災では、義妹を津波で亡くし、実家は床上浸水の被害を受けました。

義妹は、しっかり者で周りの皆から頼られていました。

私が上京する時、いつも「また来てください」と言ってくれ、今でも心に残っています。

その後の母は（八十才すぎ）男孫（高校生）の母親代わりも務め、気を張って暮らしました。

弟は、妻を亡くしても多くは語らず、仕事に励んでいました。

お盆だけだった帰省が、春とお盆と秋の三回になりました。

最後は嫁の世話になると思っていた母は、
昨年四つの病院を転院し他界しました。
「町（土地）が変わった、人も変わった・・・」と言いながら。
弟は、晩年の母の食事、お風呂などの介護をし、病院通いもしました。
弟には感謝の気持ちでいっぱいです。
震災から八年、母の一周忌を控え、ようやく手紙を書く気持ちになりました。
今は、一人暮らしの弟の健康、生活面を案じつつ、時々電話をしています。
そして、陸前高田市もおだやかな町、年寄りにも優しい町になるように
遠くから願っています。

故郷を愛する者より

手紙６

Ｍさんへ
お久しぶりです。
そちらには梅雨の季節はないのですか？
こちらは毎日、毎日梅雨空です。
昨日、久しぶりに陸前高田に行ってきました。
全てが変わってしまった陸前高田の街、これからどんな街になるのか
Ｍさん、天国から見えていますか？
陸前高田に行くと淋しいよ・・・。
Ｍさんに会うこともできなくなってしまい・・・。
もうすぐお盆がやってきます。
私のところにも、Ｍさん、顔を見せにきてくださいね。
今年もお墓参りに行きますね・・・。

Ａより

手紙７

お母さんへ
筆が震えています。
お久ぶりです。お元気でしたか？
お母さんのお誕生日が近くなった6月末、ふと、目にした新聞に
このポストの活動があることを知り、
まさか手紙を出せるなんて・・・と、手紙好きの娘は大変嬉しい気持ちで
いっぱいになりました。
お誕生日、おめでとうございます。

あの日は同じ方向に仕事に出て、同じタイミングで津波に遭いましたね。
私達に・・・私が生き残り、母が亡くなったその差は
いったい何だったのでしょう。
目の前の出来事に、あれから何度も生きる意味を考え、迷い、

悲嘆と後悔と無力さに暮れ、葛藤に襲われました。
それを全部自分ではない誰かの話か何かのようにして3年・・・。
見ないようにして時が経つのはあっという間でした。
向き合うのが怖くて・・・今でも信じられなくて生前の母を夢で見ては
ハッ！と朝目覚めて現実の酷さに落ち込みます。
その繰り返しです。

その間に私は何をしたのか。
身辺に被災真っ只中小学校校長をされ、今尚全国各地講演をされている知人や、
子供を対象とした被災地活動をされてる団体・・・見ている傍らで
手を出さず何もしていない自分に情けない思いです。
それと私はもういい年頃、情けないことが色々あり、申し訳ないです。
頑張ります。
先日、お祖母ちゃんがそちらに逝きました。旅の途中に会われましたか？

生前、母の顔が見れないのをずっと気にしていたようです。
涙を流し、病で出せなくなった声で「お母さんは？」と聞いていたのを
今でも思い出します。
私は無言で微笑むだけ。謝っておいてくださいね。お願いします。
ずっと言いたくて。

手紙を書いている内、少し気持ちが楽になりました。
今年も大好きなカサブランカの花を添えて、
貴女が笑顔でいてくれますよう願っています。
また書きます。

お誕生日にこの手紙が届いていますよう、
石巻から貴方の娘より思いを込めて。

（ペンネーム）はなうさ

手紙8

私の母のふるさとは泊（陸前高田市）です。
3・11で、ひでちゃんをはじめたくさんのお別れがありました。
毎年帰省していた陸前高田、思い出ばかりです。

また、こうしろうやでお土産買いたいな
また、マイヤでお買い物したいな　スーパードラゴン乗りたいな
後浜で泳ぎたいな　花火　近くでみたいな
夏のお祭りで踊りたいな

お団子食べたいな　つみやでお買い物したいな
郵便局で手紙も出したいな
母にも笑ってほしいな

広田町字泊　O

手紙９

拝　啓

６年前、わたしはとても辛い気持ちでいました。
今はその時より更に辛い状況になりました。
どうしようもできない気持ちで、この宛先を知り、
自分に語るように手紙を書きました。
わたしの命は誰にも必要とされていません。
自分でさえも、今すぐに命を終わらせたいと考えています。
でも自殺はできないから、どうにか生きています。
何をしても涙が出るような悲しい事もあったのに、それよりも、その次よりも
辛い事が起きるなんて、わたしが耐えられる辛さは無限なのかと驚きました。
６年前に亡くなった方達は天国で安らかに眠っていると思います。
大切な人を失った方達は、きっといくつもの悲しみを乗り越えて、
いつか穏やかに過ごせるようになると信じています。

わたしの命が不要なものでも誰かの必要な命と交換することはできません。
これは、私の運命、人生だから、どうにか生きていることがきっと
何かにつながると信じています。
いつかきっと、楽しい手紙が出せると信じています。

敬具

手紙10

一番、怖いのは忘れ去られること。
一番、悲しいのは別れてしまうこと。
一番、寂しいのは会えないこと。
一番、悔しいのは伝わらないこと。
一番、楽しいのは共にすごすこと。
一番、幸せなのは出会えたこと。

皆様の魂の鎮魂と、心の平穏とご多幸、
孤独ではないことを、
心から、お祈りしています。

埼玉県　とある引きこもりより

手紙11

和子おばあちゃんへ

突然の手紙ですみません。昨年見たドラマの中で漂流ポストの事を知り、

届くことを信じて手紙を書くことにしました。

先日3月7日に（娘の）蒼空は無事に中学校を卒業しました。

9年前の3月10日の夜を最後にお別れになるとは思いませんでした。

小学校入学を楽しみにいろいろ準備していた物がすべて流されてしまって、

何もない所からの出発でした。いろいろな事がありました。

つらくて泣いた日、人から支えられたり、援助してもらったりしながら

あっというまに9年がたちました。

何か壁にぶつかった時、どうしたら良いか分からない時は、

お母さんなら、こんな時どうするかな？と思いながら、

なんとか進んできました。

蒼空には100％完璧な母ではなかったかも知れないけど

やれる事はしてきました。
今、思春期になり、蒼空もいろいろ葛藤があるようです。
これから大人に向かって歩むにつれて今以上になやんだり、
立ち止まる時がくるかも知れませんが陰ながら応援していきたいと思います。
春からは東陵高校に入学します。
お母さんはいつもどこかからか見守ってくれているんだろうなと感じています。
ありがとうございます。
まだまだもっと一緒に居たかったです。
こんな私を受け入れてくれて過ごした時間は、本当、宝物だし、
良い経験だったし、学べました。
これからも私のあこがれの人です。
おかあさんは明るく情に厚い人だから。今も、楽しく過ごしているのかな。
生前は、いつも人のためにばかり動いていたので、ゆっくりと
自分の好きな事をしながら楽しんでいればいいなと願ってます。

春から、蒼空も私もステップアップしてがんばります。

恵

おばあちゃんへ
今年で9年目になりますね。
当時私は幼稚園の年長であり、7歳でしたが、今年で16になり、
高校へ入学することになりました。
母には迷惑をかけると思いますが、私立高校である東陵高校へ入学します。
これから何がおこるかわかりませんが、
高校を卒業したら大学を目指したいと思っています。
まだ進みたい職業は決まっていませんが、
みんなの役に立つ仕事に就きたいと思います。
どうか見守って頂けるとうれしいです。

蒼空

手紙12

磨さん　おはよう～
貴方の笑顔へ10倍返し
笑顔でいつ会える？
現世ではもう会えないよネ
あの世で会っても知らずに通りすぎたりして・・・
でも絶対覚えているよね、一目惚れ同志だもの♡
頭が変になっている私。狂ってる私。
でもしっかりしている私、前を歩いている私、大丈夫だよね。
自分で自分を心配している私。

妻より

＊10通以上の便りを受け取っています

手紙13

お父さんへ

この手紙を書いても、わからないでしょ。

字がよめない人だったからね！

かずおさんに母がでんわして、和子さんは元気だと後からでんわがありました。

本当におとうさんの骨はおもくておもくて、家まで持って帰ってつかれました。

本当におつかれさまでした。

母をよばないで下さいね。

いつだったか、赤川さんのテレビを見させていただきました。

とてもなみだがでました。

本当に自分のとなりの人がいなくなるってつらいものですね。

もうけんかする相手がいなくなって、

天国に行った人はだれとけんかするのでしょうか。

清より

手紙14

一通目

あいたい
美義くん　元気ですか　あいたいです
私の願いは今すぐあなたにあいたい　それだけです
夜　布団に入って寝むる時
どうぞ明日の朝は目覚めません様にとお願いします
きっとあなたは怒るでしょうね
あなたに助けてもらった命を大切にしなくてはね
でも本当に毎日毎日が寂しくて仕方ありません
でも一日が過ぎるとあなたに会える時が少しづつ少しづつ
近づいていると思うと　泣かないでと自分に言い聞かせています
手をつなぎ永遠に笑顔でふたり旅
一日も早く手をつないで歩けます様に願っています

あいたい　あいたい　あいたいよう

二通目
美義くん
逢いたい　逢いたいの　いつ逢えますか
なんで直美を一人ぼっちにしたの
早く逢いたい　さみしくて一生懸命がまんしています

三通目
美義くん
そばに居て見守ってくれてありがとう
でも声が聞きたい　顔が見たい
無理な事はわかっているけど　さみしいよ　逢いたい
いつ逢えますか　このさみしさはだれにもわかってもらえません

こうなったのはだれのせい
私のせいなの　ごめんなさい　ゆるしてください
逢いたい　一日も早く　今すぐに逢いたい
愛しい人　美義くん

直美

＊２０通以上の便りを受け取っています

手紙15

明日香ちゃん、元気ですか？
蛇田のばあちゃんですよ　明日香のばあちゃんです
初めて明日香にお手紙書きます。
初めて漂流ポストの事を知って明日香にお手紙書こうと思いました。
明日香がばあちゃんのそばからいなくなって10年たちますね。
でも、ばあちゃんは、あの日のままの6才のままの明日香しか思い出せません。
あのまま成長していれば、今は16才で高校生ですね。
だから今は漢字も読めるように、と思い、漢字を入れてお手紙書くね。
幼稚園の年長さんの夏休みに、一生懸命ばあちゃんと字のれんしゅうしたよね。
明日香にもらった手紙、ばあちゃん大事に大事にしまってあるよ。
「ばあちゃん、ありがとう、だいすきだよ」って!!
あ～あ、だめだね、ばあちゃん今明日香の顔を思い出して涙がとまんないや～。
ばあちゃんは明日香がいなくなって、とってもかなしいけど、

時々、明日香があいに来てくれるので、その時だけはホッとして、
でも、生きてる明日香にあいたくてお墓に行って泣いているんだよ、
知ってる?
今日は、3月3日で、ひなまつりの日です。
明日香にあいたくて、いてもたってもいられなくてお手紙書きました。
涙で字も見えなくなってきて、ばあちゃんが胸いっぱいになって、
これ以上書けなくなりました。
ごめんネ。また、お手紙書くからね。
いつでも、ばあちゃんのところにあいに来てね。
ほしい物があったら何でも言ってね。
ばあちゃん、明日香のためなら、何でもするからね。

佐々木明日香ちゃんへ

蛇田のばあちゃん

手紙16

鈴木孝則君へ
直筆の手紙じゃなくてごめんね。
手が止まって書けそうにないからパソコンにした。
こうちゃん、元気ですか？　そっちは暖かいのかな？
石巻はやっと温かくなってきたよ。でも今年の冬はすごく寒かった。
今はよく分からないウィルスが広まって、みんなマスクして生活してるんだよ。
飛沫感染するから、なかなか友達と逢えない生活になっちゃった。寂しいです。

こうちゃんと会えなくなってから10年経ちます。
早いなー。この10年あっという間だった。
その間に中学卒業して高校生になって、今では社会人7年目になったよ。
もうすぐ25歳になるよ。私だけおばさんになっていくね。やだな（笑）
こうちゃんの目にはどんな風に見えてるの？　私変わってない？

ちょっとは大人っぽくなったかな。太ったとか言わないでね？

3月11日、あの日のこと覚えている？1つ上の先輩たちの卒業式。
私、吹奏楽の演奏があるから、みんなと違う席にいた。
先輩達の歌に感動して私泣いちゃって、泣きながらトランペット吹いてたら
私のこと指差して笑ってたよね。うわ～泣いてるよ～みたいに。
正直すんごいムカついた（笑）
でも今思うとね、最期に見たこうちゃんが笑っててよかったって思う。
その数時間後、寒かったよね。苦しかったよね。痛かったよね。
こうちゃんの行方が分からないってなってから何回も電話した。
でも繋がらなくて。メールも届かなくて。
津波に巻き込まれたとしても、「俺危なかったわ～！」って
笑って帰ってくると思ってた。
ずっとそう思って避難所にいた。

昔はさ、代わり映えのない日々を、当たり前に過ごしていたから
全然気にしてなかったけど、私たちよく一緒にいたね。
幼稚園の頃、よくこうちゃんのお母さんの車に乗せてもらって家に帰ったり。
小学校の頃、ポケモンのゲームなかなかクリア出来なくて教えてくれたり。
川開き祭りで3色のかき氷がどうしても食べたくて、探しても見つからなくて
諦めてた時にばったり会って、こうちゃんそのかき氷持ってて。
売り場まで一緒に行ってくれたね。確か奢ってくれた気がする。
あと、私の好きなアーティストの写真たくさん貼った下敷き作ってくれたね。
小学校高学年になって、誰だったか忘れちゃったけど
「なんでこうちゃんって呼んでるの？」って言われて
幼馴染ってことに恥ずかしくなって、
それから「こうき」って呼ぶようになった。
小6の時、「中学に入ったら野球部のマネージャーやれ」って言ってたよね。
やりたかったけど、うちらの中学にマネージャーとかなかったから

野球部の応援に行ける吹奏楽部に入ったんだよ。

中学になって吹奏楽部に入って、野球の応援に行くと、「声聞こえてたよ」「今日思いっきり間違えたでしょ！」とか、私、声おっきいし音もおっきかったから目立ってたのかな（笑）恥ずかしい（笑）でもちゃんと届いてるんだ、聴いてくれてるんだ、って思って嬉しかったよ。

中1の時の川開き祭り一緒に行ったね。帰り道30分くらいかかるところみんなダッシュで帰り始めるから、私も厚底のサンダルで走ってたら「俺走るから」って自転車貸してくれたね。めちゃくちゃ足速いくせに私の自転車のペースに合わせて走ってくれたね。

みんなと途中で別れてから2人になって、コンビニでキーホルダー付きのミルクティー買ってくれたね。

こうちゃんの方が先に家に着くのに、わざわざうちまで送ってくれたね。

授業のプリントのコピー取りたいから貸してって言ったら

わざわざコピーしたものを持ってきてくれたね。
中2の時、みんなで電車に乗って仙台に遊びに行ったね。
サイゼリヤに行ってさ、パスタをフォーク使って食べられないからって
こうちゃんだけお箸で食べてたの面白かったな。みんな笑ってたね。
そしてよくおうちの固定電話で電話してたね。
「お母さんが来たから1回切る！」ってまたかけ直したり。
それが当たり前だったから、何話してたか全然覚えてない（笑）

彼氏彼女でもないのに、何でか一緒にいた時間が多いから
思い出もたくさんできたんだよね。ありがとうね。本当にありがとう。

社会人になって、仕事も人間関係もうまくいかなくなる時があるの。
そういう時に思うんだ。こうちゃんが生きていてくれたら
すぐ話聞いてくれたり、ご飯に連れて行ってくれたりしてたのかなって。

でもいくら思ってても会えないから、いっぱい泣いて忘れるようにしてる。
そんな時さ、遠くからでいいから、私に力を貸してください。
背中をポンって押してください。　それだけで頑張れる気がする。

こんなに想いを書いたの初めて。長くなってごめんね。
また話したくなったらお手紙書くね。
こうちゃんは私にとって、男友達の中で1番の親友だと思ってるよ。
こうちゃんもそう思ってくれてるといいな。

じゃあまたね。

手紙17

あの日、突然襲った東日本大震災
ご遺体を乗せ、何度も何度も飛び交う上空のヘリコプター
助けてーと哭き叫ぶ悲鳴のように聞こえた雨音
胸が締めつけられた日々、数年が過ぎ、
6月、被災地へ手を合わせる事が叶いました。
その夜、顔面半分に激しい痛み、治まると初めての蕁麻疹に・・。
何れも原因不明?との診断
不思議な体験に、忘れないで!のメッセージ、
自分への戒めと受け止めました。

泣かないで
だいじょうぶ　忘れないよ♡
悲しい雨音に手を合わせ祈っております。

69歳　主婦

手紙18

岩手　陸前高田の皆様へ

最初に陸前高田を訪れてから何十年過ぎたのでしょう？
半世紀も経とうとしているのでしょうか？
私は２０歳の時、友達二人で卒業旅行に東北の旅に出ました。
立ち寄った松林が続く美しい海岸　その向こうにはユースホステル
陸前高田ユースホステルがありました。３月の初め、寒空に歌を唄いながら
たどり着きました。初めての経験、不安と緊張　それを優しく暖かく迎えいれて
いただきました。
東北の人たちの優しさは今でも忘れられません。
もう一度行きたいと思いながら何十年も過ぎてしまいました。
あのユースホステルが、まさか震災に。
何度も行きたいと思いながらコロナで行くこともままならず
残念で仕方ありません。

何も出来ず申し訳ない気持ちでいっぱいです。
コロナが収束したら絶対行くつもりです。
漂流ポストがあることを知り少し気持ちが楽になりました。有難うございました。
気持ちだけでも届けたいと思いペンを走らせています。
今年も我が家の庭には菫色の水仙の花が咲き始めました。
花は咲く　です。
いつも何気なく暮らしているあたり前の生活が、このように震災にあったり、
色々と考えさせられる10年でした。
どうか皆様、いつかお会いする日まで、お元気でご無事を祈っています。
そして、私もいつか行く時の為に希望を持って頑張ります。
有難うございました。

乱筆お許し下さい。　　かしこ

＊2月の下旬には、五条川という川で、こいのぼりの糊の染め落としを毎年しています。
桜の花が咲き美しい川です

震災後、東松島で生まれたおのくん人形にならい、
仙台在住の女性が手作りした人形がモデル

過ぎゆく時間

手紙19

赤川勇治さん、

十五日は、ありがとうございました。

「森の小舎」はあの世への思いが届く場所になっておりました。

あの場所全体が詩の世界だとも思いました。

生まれるべくして生まれた場所と、いえばいいのでしょうか。

また寄せてください。

日々、大事にされますように。

かしこ

手紙20

拝啓
「漂流ポスト3・11」を河北新報で拝読しました
震災から三年過ぎても自責の念が消えず、
四人のもとに行きたいという気持ちが消えません
娘たちに手紙を書いた事で生きていく気持ちが湧きました。
このような機会をいただきありがとうございます。

敬具

赤川勇治様

手紙21

こんにちは
もうすぐあの忘れられない日がやってきます。
東日本大震災で「ふるさと」が被災して、私も大事な人たちを
4人も亡くしました。
つらく残念で仕方ありませんでした。
仙台市若林区で、毎日元気にビニールハウスでいろんな野菜を作って
がんばって生活していたおじさん、おばさん夫婦を思いだします。
それと、石巻の女川で魚屋を長いことやっていたおばさんとお兄ちゃんも
お店が全部流されてしまって本当につらい日々を送りました。
今元気でいたら、もっともっと会って話をたくさんしたかったと思うけど
願いかなわずです。
まだまだたくさんの不明者がおります。一日も早く見つかっていただけたらと
思いつつ私も胸が痛みます。

大川小学校の生徒さんも、亡くなった方々も、何か少しだけでも
見つかってほしいと家族は思いながら日々を送っておられると思います。
私の実家も被災して、家を新築して2年目になりますが、まだ不安が
残っているとのことです。
被災した皆さん、一日も早く元気を取り戻してください。
ガンバレ!!　被災した人たちにエールを送ります。
皆さんに幸が訪れます様に祈ってます。

手紙22

前略
九月に入っても厳しい暑さが続きますがお元気ですか？

私が子供の頃によく大船渡線に乗って陸前高田市に遊びに行きました。

今でも昔の陸前高田駅を覚えています。

震災で陸前高田駅が壊滅の状態だと聞いたときは、ショックのあまりに寝込んでしまったことがありました。

色々ありましたが、子供の頃の思い出が、私にとって一生の宝物なんだと気づきました。

大切な宝物を作ってくれた私の両親に感謝の気持ちでいっぱいです。

これからも一生懸命頑張ろうと思います。

また手紙を出しますので、よろしくお願い申し上げます。

埼玉県川越市　永井

手紙23

漂流ポスト　管理人

赤川勇治様

6年と7か月目で心の区切りが一応つき、
葬儀と7回忌を無事終えることができました。
まだ、行ったり来たりですが、皆さんのお陰です。
漂流ポストの力です。
ポストは永遠に残してほしいものです。
有る限り手紙は出し続けます。

〜　乱筆にて　〜

今後ともよろしくお願いいたします。

岩手県陸前高田市　熊谷

手紙24

「漂流ポスト」に届く手紙の思いの新聞を見て大泣きしました。私も東日本大震災で娘（31才）夫婦を亡くしました。地震のあった時その2時間前に19日の日に泊まりに行くねって携帯（ケータイ）で話していました。その後の、今思い出しても怖くなる地震と津波でした。娘は名取市閖上に住んでいました。とても心を安らかにする所、花火大会、芋煮会とか、いつも娘においでと言われ泊りがけで行っていました。私は、今もあのときのままの自分でしかいられません。鬱になり、毎日泣いて会いたい、会いたい、いつ迎えにくるの、と仏壇の前や自分の部屋で泣いて死ぬことだけを考えています。友達には、娘（恵美・めぐみ）めぐが呼ぶはずないし、結婚してもいつもあなたとべったりしていた子供だったでしょ、って言われます。けれど、生きて辛いなら死んで楽になりたいと思っている。鬱になったばかりのとき、私は約1か月水だけで通しました。食が通らず

10kg以上やせてしまい、低体温や高血圧だったのが今は薬も飲んでいません。

31才で一番優しくて、友達であり、母であり、の娘でした。

だから朝が嫌いで起きれません。そのまま目が開かないで、めぐの所へ行けたらと毎日思っています。

私が眠っている時に、めぐが私の布団に腰のほうから入ってくるときがあります。

めぐにびっくりするから上から入ってきてと頼んだら、私の腰をポンポンとたたき、上から入ってきて一緒に寝ました。

バカだなと思うけどうれしかった。

毎日、死にたいか、会いたいかを迷っているけれど、自死して会えなかったらもっと悲しいし、夢の中ででも会いたい。

めぐがいないことは受け止めたくないから、胸には遺骨を入れたペンダント、ネックレスに娘の骨を入れて首から掛けています。

本当に会いたい、会いたい、めぐ帰って来てよ、それとも迎えに来てよっていつも思っています。

孫の名前も間違えて、めぐ、めぐ、と呼んでしまうと、ばあちゃん違うよ!!って
言われます。

意味が分からなかったらごめんなさい。

手紙25

パパへ

元気にしてますか？
そちらの生活はどうですか？　もう生まれ変わったとか？
こちらは山あり谷ありです。
良かったり悪かったり。
十三さんは落ち着いているみたいです。連絡ないし・・・。
そろそろおむつ買っていかなきゃです。

いろいろ悩みがあるんです。
拓○がいろいろあります。
先生に怒られてばかりです。落ち着かないみたいです。
治療もむずかしいです。

でもあきらめない。見捨てたりしない
ずっといっしょにいるし、いろいろあるけど、絶対私が守るから。

パパのこと守れなかった。
もっとやさしくしてあげればよかった。
もっと大事にしてあげればよかった。
もっと愛せばよかった。

後悔ばかり。ずっとそう。
パパがいなくなってからずっと。
パパがいればもっとうまくやれるんだろうなぁ、とずっと思ってる。
でも、私は私のできることでやる。
パパは最後に、〝じゃあ大丈夫だ〟って言った。

何も大丈夫じゃない！
何が大丈夫なんだよ。
何を大丈夫って言ったの？

私は負けない。
ごまかしごまかし生きてるけどね。少しでも楽しいこと探して生きてる。
まだ生きていく。
弱音もはくし、ぐちも言う。
ぶつぶつ文句言う。
でも生きることをあきらめたり投げたりしない。　ぜったいしない。
まだ、そちらのパパには会いにいかない。ぜったい行かない。
50年先かな。それまで、またね。

由加

手紙26

お久しぶりです。

あの日から6年3か月あまりが経過していますね。

そちらはどんな感じですか。きっと暗くて寒いのでしょうか。

先生に会いたいです。

突然のお手紙申し訳ありません。

きっと、ご家族の方が帰りを心待ちにしていると思います。

その当時の一児童が、かように厚かましい文章を書いてごめんなさい。

月日はどうも早いようで私も高校を卒業し、今は専門学校生です。

私が通った高校では、復興関係をやることが何度もあり、どうしても震災と向き合う事が多かったように思います。先生を忘れたことはないのですが、どうやら過去を振り返るのが多くなったようで、未来を見ることを超えた気がしています。きっと、進路で過去を振り返らないといけないからなのでしょう。

仮設から出て、復興住宅に移ることができたのは良かったのですが、

住所を書くときに思うのです。きっと、むしろほとんどと言ってもいい位
住所で○○復興住宅に住んでいると分かるので、この人は被災した人
なのだとずっと思われてしまうのではないかと。
役所には復興住宅ではなく市営住宅にしてほしいと思っています。
まだ仮設住まいの人がいるのでわがままは言えませんね。
先生、今どこにいらっしゃいますか。
卒業アルバムに書かれていた言葉が遺言のような気がしてなりません。
せめて一度でいいので、先生のそばに行きたいです。
先生を知る高校の先生がおられた時は、心の整理がついてきていたのですが、
最近、内陸に進学の関係で来た時は、内陸と沿岸の意識に差があるのを知り、
どうしていいか分からなくなりました。もしかしたら私が幼稚なせいなのかも
しれません。中学の時は、あまり泣くこともなかったのですが、今になって
涙がでることが多くなりました。変ですね。
専門学校の内陸の友達にこのことを伝えたのですが、その子にとって

負担になってはいやしまいか心配です。あの子は自分のことをあまり言わないので、受け止めてもらえるのは私にとっていいのですが、あの子に迷惑でなければいいなと思っています。

先生がどこかで見守っていると信じ頑張っていこうと思います。

先生、会いたいです。

岩手県釜石市　M・S

手紙27

「良室美光清大姉」となってしまったお母さん!!

2011年3月11日突然の別れから6年です。そちらでの生活はどうですか？

34年前に逝っていたお父さん、10年前に逝ってしまった孫、そして震災後に生まれ、たった10日間の短い命だったひ孫に会えましたか？

いつも朝早い仕事に出かける私を心配してくれてましたね（ありがとう）

いつもはどんなに早くても（AM6時前後だったね）声をかけて、私も安心して出かけてたのに、どうして・・・　あの朝は障子を開けたらぐっすり寝てたので声をかけないで仕事に出かけたのか・・・後悔しています。

職場で地震を感じ、すぐ自宅に電話したんだけれど、呼び出し音だけでした。

「あ～あ～大丈夫だよ」の返事はなかった!!

不安を感じながらも「駅に避難」したことを知り安心してました。

早帰りだった私の子供が避難場所でもある駅に一緒だったと聞きました。

まさかあの場所まで津波が来るとは思わず、息子は近所でまだウロウロしている方々に避難の声をかけているうちに津波がきてしまい、駅に着いた時は水の勢いが早く、おばあちゃんの手をにぎるのがやっと・・・で、あっという間に2人とも水にのまれ・・・自分だけが助かってしまった、と、しばらくの間ショックの年月でした。

「おばあちゃん、オレだけ助かって恨んでるのかもな、手をにぎってたんだけれど離れてしまった」と、悲観してました。私は、めんこ（かわいい）孫と最後まで一緒だったんだし、家でばあちゃんが一人だったらオロオロして逃げられず、今も見つからなかったかもしれないよ、これも生前お母さんが良くしてくれたからだと思いました。（ありがとうございます）

おんちゃんは、お母さんが見つかった時、泣きながら、タオルでお母さんのドロにまみれた顔や髪を丁寧に拭いてくれました。そして、毎年3月11日には庭に自作の竹灯籠を作り手をあわせてます。「お世話になった姉ちゃんだった」と言いながら。おんちゃんらしくてありがたいです。

震災後まもなく、九条の近所の方に「きちんとした身なりの良いおばあちゃんが、赤ちゃんをおぶって家の前にいたよ、おばあちゃんも一緒に住んでるんだねぇ」と聞かされました。そしてもう一つは、仏壇の前の座布団がしっとり濡れていた事に勤めから帰った私が気付いた事もありました。お母さんが、私たちのことを心配し見にきてくれたんだと思いました。そして、ひ孫の面倒も見てくれてると安心しました。なにしろ、右も左もわからない小さい子があの世に逝ってしまったものだから・・・(ありがとう!! 私の前にも姿あらわしてほしい)

長姉だったお姉さんでしたから弟妹のショックは大変でした。どんな事でも親身に相談にのってくれた姉が突然いなくなったんだからあたりまえですよね。

83才にしてはしっかりしていて何から何まで自分でしていて、おしゃれで・・・たくさんあって言い切れないヨ!

一人っ子の私を「あんたは、姉弟がいなくて頼りになるのは自分だけだから」と厳しく育ててくれました。〝つらい〟とは思わなかったけど、

知らない近所の人は「お母さんに似ている嫁さんだね、縁かな」という方もいて「実の娘なんですよ」と言いながらよく笑ってました。

今、この年となり、頼りにしていたお母さんが急にいなくなっても、何でもさせられた事がすっごく役に立っています。厳しさ＝愛情ですね。

昨年12月に息子夫婦と協力して建てた新居に住んでいます。

場所は、鹿折には戻りたくないという息子夫婦の要望で、元鼎ケ浦高校の下の方の集団移転場所の一角です。おじいちゃん、おばあちゃんが建てた鹿折の家と少しは似ている様にしたいと言い、引戸玄関を開けるとやや広いホールにしています。

3月11日朝、出勤前にお墓参りをし、追悼式に参加しました。夜は九条のおんちゃんおばちゃんを呼んで、飲んで昔の話をしながらお母さんを偲びました。

近ごろ、歩く姿などお母さんに似てきた私です。何だか嬉しいです。

どうせ笑うなら大きく笑うほうがいいからと「あっハッハッ」と誰もいないのにテレビ相手に笑っていたお母さん。

息子はお母さんの弟妹に、「ばあちゃんを守ってやれなくてすみませんでした」と頭を下げていました。お母さん、あのとっさの状況では仕方なかったんだよね。

生前、お母さんは「私の最後は、どういうふうになってしぬんだろうねェ」と
言っていたことを思い出すたびに、涙を流しています。
私も今年で63才になります。涙もろくなっています。
これからも、家族4人、いままでどおり、仲良く協力して生きていきますので
安心してね。そして、見守っていてください。
長々とまとまりのない手紙ですね。でも、お母さんは「お前らしい」と笑って
許してくれるでしょう。
お母さん、もう一度、話がしたいよ!!
私は、お母さんの娘で良かったです。
ありがとう。

宮城県気仙沼市　佐藤

★手紙の内容を一部割愛しています

手紙28

初めまして。　お世話になります。

震災で主人を亡くしました。

この前、山梨の方（震災からの友人）から、テレビで漂流ポストの放映があって金さんも出ているかなと観ましたが、観れませんでした、と電話をいただきました。

4年前に学校のお勤めを定年退職したとの事、姉妹以上の心配をしてくれ、支援を頂き、沢山の学びをいただいている方です。写真を1枚づつ送りあうなど、優しい心の持ち主。辛い思い、哀しい思いを沢山乗り越えてきましたが、それ以上の絆、出逢いを私に残してくれた事を、空の住民・漂流ポストに感謝しております。ありがとうございます。


あの日からもうすぐ6年、それぞれの被災地で少しづつ復興がすすんでいると思います。

体調を悪くして病院行くことだけが外出という、ボケ防止と思っての生活の内、今日もまた1枚のチラシと一本のペンを持って、忘れられない主人へ向かって頬に伝わる泪を拭きながら、独り言。側には、無心で始めていた折り鶴。貴方の妻と迎えていただいて今年で五十年。貴方の面影に会いたくて羽根を広げた折り鶴、心の内でおまじない。沢山のお土産話を届けてあげようと思っていましたが、泪で濡れた翼が重くて飛ぶことができません。私の側で、貴方が使っていたラジオ、ＣＤが小声で鳴っています。私の思いがＣＤの曲に乗って何時しか届くように、思い切って漂流ポストにお便りを送ります。

岩手県陸前高田市　金　７３才

手紙29

佳奈子へ
もう7年も会ってないんだよぉ・・・
元気にしていますか？　そちらから、こっちが見える？
恋もしてるかな？
佳奈子の友達はお年頃になって、マイちゃんは結婚したんだぁ、メイちゃんは
恋人できたって。
どこに行っても佳奈子の事が頭から離れない。
お母さんね、お引越ししたんだよ。
拓也は1人暮らし、鼓太郎と、1人と1匹の生活も少しづつ慣れてきたよ。
引越荷物たくさんあって、震災で何もなくなったのに、いつのまにかこんなに
荷物が増えたんだ・・・。
佳奈子とばあちゃんが、時々夢に出てくるの。笑った顔だったから少し安心。
夢でも会えるのうれしいから・・・

小さい頃の写真、泣けてくるけど、何回も辛いのに見入ってしまう。
会いたいよー。
佳奈子の顔、ぷにゅぷにゅのホッペだったのよく触っていたよね。
娘がいて、お母さんはとても幸せだったんだ。
何年経っても佳奈子はそのまんまだね。お母さんは白髪とシワが増えてきました。
独り言も増えたのかも。
佳奈子が生きたかった分、お母さんが生きて行くから、もう少し、
そちらで待っててね。
さみしい
会いたい
愛しい　佳奈子、会いたいよ
お母さん、がんばるからね。
また、お手紙書くよ。

宮城県仙台市　二宮たい子

手紙30

Dear　ともさん
元気ですかー?!　ともさんや
今日は、あたたかいけど風強いよ～（汗）
おかあさん　とばされそう～　アッレー、うそっ
あさ、おとうさんに言ったら
〝そんなわけねー!!〟って言われた（笑）
毎日、声かけてるから、ともも笑ってたかな☺

もうすぐ誕生日だね
33才になるんだね・・・
どんな青年になっているのかな!!
きっと、やさしいところは変わってないのかもね
そんな　ともに会いたいな

6月15日の誕生日には帰ってきて欲しいな
空の上の一番えらい人に一日限定でいいからパスポートもらってね
母からのお願いって言って下さいや
帰って来たら　ともの大好物のカレーを作るヨ
あとは　ウニ　なすのあげびたしや　たくさん作るよ
だから帰って来てネ　待ってるよ!!
また手紙書くね
大好きな　ともへ

美人で　やさしくて（ウソついてみたー）スレンダーな母より!!

宮城県南三陸町　高野慶子

手紙31

拝啓　「漂流ポスト」様へ
新聞で、漂流ポストの記事を知り、早速手紙を書いています。
「あなたに話したい事いっぱいあるよ！」という思いを、
大切な人に伝えきれずに多くの尊い命が失われたあの日・・・。
震災が起きた時、私は生まれて45年目にして（はずかしながら）
初めて運命の人と出逢って1年目の年でした。
実際に体験していなくても、映像や新聞で悲惨な状況を知り、悲しく、辛く、
恐怖の日々でした。そんな時に、その人がそばにいてくれるだけで
心強かったのです。
3・11を境に、あらためて命のありがたみを知り、そして、明日何があるか
わからないという思いに気付き、だからこそ、何でもない毎日が
どれだけ大事かということに気付かされました。
その日から、私は伝えたいことは（どんなにクサイ言葉でも）思った時に

伝えようと心がけています。
その人は、言葉で出すのは照れくさいし、嘘くさいといいますが。
お互いを思いやる心、許す心、そして時には、我慢する心をもって、
つきあい始めて5年目を迎えることができました。
私は「付き合った日記念日」として、1年分の気持ちを込めて、毎年、
必ず手紙を渡しています。その人が、それを読んでどう思うかはわかりませんが
これからも（勝手に）続けるつもりです。
いつ、何が起こるかわからない！　だからこうして生きている、生かされている
ことに感謝し、あまり先を見ず、今を大事に生きたいのです。
最後に、何もできない私ですが、亡くなられた多くの方々のご冥福をお祈りする
とともに、被災された方々の心身の健康を心より祈っています。
私事を読んでいただきありがとうございました。

手紙32

黒須様へ

黒須、君が亡くなってから13回忌の年を今年迎えて、改めて君の事を思い出す様になりました。（敬語になっちゃってゴメン）

今になっても亡くなったことを認められない自分が心の中にいます。

震災で黒須が死んでしまう前は、目的なくドライブに出かけたり、野球やサッカーを見に入ったり、実際に2人でサッカーをして遊んだりと思い出は尽きないね。

結構マジメな一面を持っている君だったから大津波警報が出ても、門脇から逃げずに仕事を全うしようしたのかな？

そんな事になっているとは知らずに、震災翌日に電話したこともありました。

三浦さん、生出さんから君の遺体の事を聞いたんだけど、実際に会いに行けなくて申し訳なかった。

君の亡くなった顔を見てしまうと、あの時の自分はまともな状態でいられなくなると分かっていたから、行けなかったんだ。

ごめんなさい。最も大事な親友だったのに・・・。

分かっているとは思うけど、あれから色々と状況も変わったよ。

君の妹さんは、結婚して子供も生まれて幸せそうだったよ。

いつだったか、俺の子供を連れて君の家に行った事があってさ。君のお母さん、お父さん、妹さんが迎えてくれて、俺が父親になった事を実の父親のように喜んでくれたよ。とても嬉しい気持ちだったんだけど、「貴裕も結婚して子供を見せてほしかったな・・・」とお父さんがポツリと言っていたのを聞いて切なくなっちゃった。

本当に俺もそう思っていたし、お互いの結婚式に出席し合っている未来が見えていたからそれが残念だった。

家も新しく建てて、これからだったのに。

家は妹さんが継いでくれるらしいね。良かったじゃん。

お父さんもお母さんも安心してたよ。しっかり見守ってあげてね。

俺の子供は小学3年生になってさ、ちゃんとお父さんしてるよ。
黒須が生きていた頃には想像してなかった未来を進んでいる気がする。
すっかり遊び歩く機会はなくなった。君が生きていたら、どうだったかな？
時々は、心の中で話をしよう。
あちらの世でも元気で！

手紙33

母ちゃん
今年ももうすぐ終わりです。
母ちゃんは今どこで暮らしてますか。
一人でくらしていると、一人で暮らしていた母ちゃんのことを思い出します。
正月はどんな思いで過ごしていたんでしょうね。
仲良くしてくれていた丸林さんも、のどの癌で毎日大変そうです。
私も5月、腰を骨折して10月末まで寝たり起きたりでした。
友達からはメール、TELとか見舞いとかもらったし、来てももらったけど、
やっぱり母ちゃんが恋しかったです。
「われもこう」という歌がありますね
あの曲、聞いてたら、せつなくなって母ちゃんに会いたくなりました
逢いたいなあ　逢いたいなあ

福岡県田川市　林田

手紙34

親友だった友へ

向こうからの眺めはどうですか？

ゆっくりのんびり過ごしてますか？

また春が巡ってきましたよ。もうじき桜が咲きそうです。つぼみがふっくら色づいてきました。そちらから眺める宮古の町も、水仙の黄色や梅の白、桜色、チューリップの赤ときれいに染められて楽しめることでしょう。

私はあれから何も変わっていません。震災後、父母が続けて亡くなり、親友のあなたもいなくなって、ずっとずっと心の中は冬のあの日の寒さの中。

生かされているのだから、人様の役に立てるような暮らしをしなければ生きる意味がないと分かっているのに、一人いつも風の中です。

誰にも本音を打ち明けられず、いつまでたっても心が解放されずに沈んだまま、ある意味、この中で自分を甘やかしているのかと思う時もあって、自分で自分を責めたり、なぐさめたりして相変わらず仕事をしています。

苦しく淋しい者には、苦しんで傷ついている人々の事が大きく大きく響いて胸が締めつけられます。悲惨な放送画面を毎日目にして、ますます苦しい日々。人によっては、根拠のない過剰な優しさは何にもならないとの言葉も。もちろん、私には何も出来ないと分かっていますが、せめて寄り添う心は失くしたくないと思っています。コロナ感染も安全な状況にはほど遠いし、何処を向いても辛いことばかりで、ケロっとしたいことをしている人の軽快さはうらやましく感じてしまいます。

数年前から、埼玉在住のクラスメートからメールが届き、時折近況のやりとりをしています。でも、あなたに対してみたいに本音を打ち明ける事はありません。出来ないよ。あの数年間の私の地獄みたいな日々を、自分の事のようにそばで見てくれたのはあなた一人だけだったから。

さびしくてたまりません。きちんとありがとうと言えないまま、旅立ってしまったあなたに、あらためて感謝の気持ちを伝えます。

ありがとう。本当にありがとう。

手紙35

おとうさん
お変わりありませんか。
おじいちゃん、おばあちゃんと楽しく暮らしていますか。
そちらでの生活は慣れましたか。
私のこと見てくれていますか。想ってくれていますか。
私は毎日毎日おとうさんのことを想っていますよ。

おとうさんと会えなくなってから、寂しい悲しい思いをたくさんしたけど、
嬉しい優しい思いををそれ以上に得たように感じています。
不思議な縁をいつも感じています。

今日、恵美がお友達の結婚式に出席するので私が住んでるマンションに来て
着物を着ます。

昨日、タンスから帯などを選んでいたら昔に戻ったようで、とっても気持ちが落ち着き、嬉しくなりました。

お正月や御用始めにそれを着ていこうかとおばあちゃんと選んでいたときのことや恵美の着物を買いに京都の展示会に一緒に行った時のことなど、楽しい思い出がいっぱいで、やっぱり着物をまた作ってよかったと思いました。

おとうさん、無駄な買い物ではないですよね。

私の心の復興だと思って見ていてくださいね。


こうしておとうさんに手紙を書いて届く場所があるってとってもいいですね。

「森の小舎」って名前にぴったりの場所です。緑いっぱいで、私はあの場所で暮らしたいです。おとうさんの居る場所もきっと青空で空気が澄んで、お花がいっぱいの場所だと信じています。そうであってほしいです。

またお便りしますね。それでは、また。

せつ子

手紙36

おばあちゃんへ
無事に試験受かりました
おばあちゃんと同じ花の道を進みます
おばあちゃん　たくさんの愛情ありがとう
私が今ここにいるのも全ておばあちゃんの愛情のおかげです
私がそっちへ行ったら一緒にお茶やお花しましょう

雅恵

元気ですか？
そちらでお利口に待っていてくれてありがとう
菜の花と桜の季節がきましたね
抱きしめてあげる事はできないけどママはあなたが大好きです
私の可愛い娘　ずっとずっとあなたを愛しています♡

ママより

手紙37

江里菜へ

２０２２年3月２２日・・・　もうすぐ桜が咲くと思います。

１１年という月日が流れていろいろ変化しています。

〝色即是空〟という言葉、世の中にいつまでも不変のものはなく、いかなるものも流動的に変化するという意味です。

変わることなくthe GAZETTEのライブに行った後は、貴女と今をつないでいてくれている気持ちで生きています。

写真の貴女は２２才のままですが、ライブに行くといろんな年代のファンがいて年月の流れを感じます。体が動けるうちはライブに行って〝今〟をつないでいきたいです。

「江蓮」聞けるようになりました・・・

〝今〟を生きて生きていくから見守っていてな!!

三重県津市　山際真人・優子

手紙38（慈恩寺）

お母さんへ

お母さん　お母さん　お母さん

ありがとう　ありがとう　本当にありがとう

自分のわがままでお母さんを悲しませてばかりで本当にごめんなさい。

ずーっと一緒にいたかった　ずーっと　ずーっと

あの時は気持ちをうまく伝えられず反対な事ばかりしてしまい

お母さんを思っているのに居ないほうがいいなんて言ったりして

本当にごめんなさい

ずーっと一緒に居たかったんだよ　たくさん話がしたかったんだよ

こんな弱虫でお母さんは笑っていますか

今は　ただただあやまりたいだけです

そして　お母さん　ありがとう　ありがとう　ありがとう

あの日の最後の後姿はぜったいぜったい忘れないからね

あの日は何もしてあげられなくて　本当に　ごめんなさい
お母さん　大好きです
おれ　がんばるからね
お母さん　お母さん　お母さん
やっぱり　会いたいよ
お母さん

慈恩寺ノートより39（慈恩寺）

２０２４年４月２２日（月）
昼に歌を、心に太陽を、未来に夢を、
酒に心あり、人に優しく、自然に優しく、おもてなしの心で、
このような心根で生きて行きたいと思っております。
本日はご住職様、大変貴重な時間を本当にありがとうございました。
おかげさまで心安らかに帰宅できます。

２０２４年４月２５日
〝漂流ポスト〟が慈恩寺様に、と、新聞でみて早くみてみたいと思い
早速来てみました。
みなさん、いろんな思いをポストに託して
自分が優しい思いになって帰っていくんだろうなあと思いました。
又、必ず来てみたいです。

2024・4・25

震災で大切な人が亡くなりました。今日は久しぶりに再会した気持ちになりました。ありがとうございました。

2024・5・2

数年ぶりに漂流ポストに来て、心おだやかになり、かなチャンに近づいた気がしました。

またいつか。

2024・5・2

赤川さんより引き継がれ、ポストをお守り頂いて、心から感謝です。

仙台から参りましたが、又、来てみたいと思います。

心が穏やかになる場所でした。

とても支えられている感じで、その分、しっかりと生きて行こうと改めて思いました。ありがとうございました。

２０２４・５・４
陸前高田にはじめて来たのが２０１２年、それから２０１８年に再訪、何度か通ううちに漂流ポストのことを知り、赤川さんにお話を聞き、手紙を読ませていただきました。

復興も新しい「場所」がたくさんできましたが、以前とはちがう「場所」であることから、人をさみしく、悲しませてしまう「場所」もあります。

漂流ポストも新しい「場所」です。

もちろん被災したすべての人、大切な人を失くしたすべての人が来ているわけではありませんが、たくさんの方々の拠り所になっている「場所」です。

赤川さんが１０年、１人で続けられてきたことは、本当にすごいことだと思います。

お手紙を出された方々、1人1人を大切にされています。
私も、手紙を出した方に直接お話をうかがうことはためらっていましたが、
赤川さんに背中を押していただきました。大切な人を失くしたやりばのない
気持ちを受け止めてくれる「場所」のことを、いろいろな人に伝えていきたいと
思います。
手紙40（慈恩寺）

今日まで生きてこられたのは
とても奇跡に感じる。
周りの方々に支えられ
とても感謝する毎日です。
山梨県甲府市　藤巻

「漂流ポスト」のこれから

2024年4月に、「漂流ポスト」の創設者である赤川勇治氏から、ポストを移設、継続運営・管理を引き継ぎました。

ここ慈恩寺にある漂流ポストに送られてくる手紙は、東日本大震災で大きな被害や影響を受けた方々からの手紙です。このごろでは、日常生活の中で独り心の奥にしまっておいたはずの哀しみや切なさに耐え切れなくなった時に、あふれる涙とともにつづられた手紙の比重が大きくなっています。

私たちは、生きている間には必ず苦難が降りかかるものです。「漂流ポスト」は、これまでと同様、苦難に立ち向かっている方々にとって、少しでも心の癒やしになればと願い、これからも有り続けます。

慈恩寺先住職　古山 敬光

便りの宛先

〒029-2208
岩手県陸前高田市広田町泊53
慈恩寺内　漂流ポスト

慈恩寺に移設された「漂流ポスト」と追悼碑

「震える木」―風の中に立つということ　～あとがきにかえて

　私が東日本大震災に遭遇（この単語でいいのか決心がつきません）したのは、その前年に東京の病院でがんが見つかり、ステージ４・余命６カ月の診断を受けて、東京で死ぬのは空しいなぁと感じ、故郷にある大学病院に転院して治療のための入退院を繰り返していた最中のことでした。地震に見舞われた日、ろうそくの明かりで過ごしていた夜中に、愛犬のプルを抱いて庭先に出て見上げた夜空の、あまりに残酷な美しさは鮮明に記憶に残っています。

「漂流ポスト」のことを本にして残したいと思い立ったきっかけは、ある日、机の前の壁に掛けていた陸前高田市にある「奇跡の一本松」の写真を何気なく眺めていた時でした。雪が降りしきる中、周りには何もない一本の木の前で、一人の婦人が、祈っているのか、泣いているのか、背中を丸めてたたずんでいる写真です。私は発災から半年後に、手術後の不自由な足のままで現地にその「木」を見に行ったことがありました。風の中に一本だけ立っている木の圧倒的な高さに驚き、この木は震えている、と感じました。その後の私は、がん治療のプログラムを突き抜け、死なずにいた戸惑いの中、プルを連れて、逗子の海から道を一本隔てただけのアパートに移り住み、さてこれからどうしようかと考えあぐねる日々でした。プルと見た夕日の美しさ、朝日の輝き、月の道の静けさ、繰り返す潮騒の音に慰められ、壊れかけていた自分をなんとか取り戻しつつある途上にありました。それを側で見ていてくれたのはプルでした。プルの存在がなかったら、私は壊れていたと今でも思っています。

心が通い合ったと自覚できる身近な人（ペットでも）との別離は、とても切なく耐えがたいものです。まして、地震などの自然災害が原因の場合は、どうすることもできなかった空しさが残り、時がたっても消えることがありません。「漂流ポスト」に寄せられた千通（公開が許されているのは約６００通）余りの便りには、そんな哀しみを胸に秘めて生きている方々からの、声に出さない静かな心の叫びがつづられています。身近な人の死がもたらす大きな意味の一つは、残された人が、自分は生かされていると感じながらしあわせに生きていくことです。旅立っていった人は、残された人々に生きていくための力を残してくれています。

　この本の出版にあたっては、河北新報出版センターの塗師さん、与野さん、パレードブックスの下牧さんからとても多くの導きをいただきました。この導きがなかったら本の出版までたどり着けなかったと思っています。また、岩手に取材に行くたびに、毎回、宿とおいしいごはんを用意してくれた故郷宮城の４人の親友、そして、自宅のある奥州市から漂流ポストがある陸前高田市まで、取材のたびに同行していただいた漂流ポスト創設者の赤川勇治氏に、心から感謝申し上げます。

　本当にありがとうございました。

　いろいろあって心が折れそうになったときは、しっかりごはんを食べて、好きな歌を口ずさみながら、踏ん張っていきましょう。決して自分はひとりではないと感じながら。

２０２５年２月　震災から１４年をむかえる冬の日に　狩野　耕生

東日本大震災の概要

地震（気象庁情報）

発生日時	2011年3月11日14時46分
震央地・深さ	三陸沖　深さ24㎞
規模	マグニチュード9.0　最大震度7

津波（気象庁情報）

3月11日14時49分　大津波警報発表

主な検潮所の観測値

宮古	最大波	3月11日15時26分	8.5m以上
石巻市鮎川	最大波	3月11日15時26分	8.6m以上
相馬	最大波	3月11日15時51分	9.3m以上

＊観測施設が津波で被害を受けてデータ入手が途絶えたため、
記録はないが、後続の波でさらに高くなった可能性あり

＊全ての津波注意報が解除されたのは3月13日17時58分

被害（全国計）

死　者	19,775人		
行方不明者	2,550人		
建物被害	住家	全壊	122,050棟
		半壊・一部損壊	1,034,052棟
	非住家（公共建物・その他）		108,396棟

消防庁まとめ（2024年3月1日現在）

避難者　最大47万人

（2011年3月14日／青森、岩手、宮城、福島、茨城、栃木県の避難状況の合計）

復興庁「東日本大震災　復興の現状と取組、課題」資料（2012年3月）

国の復興予算　約38兆円

（2011〜19年度の支出済み歳出額と20年度当初予算額を合算）

2021年4月15日河北新報朝刊

＊この本へのご意見、ご感想は、下記までお寄せください。

メール　hyoryupost2025@gmail.com
郵　便　〒029-2208　岩手県陸前高田市広田町泊53
慈恩寺内　漂流ポスト「千の流れ星」

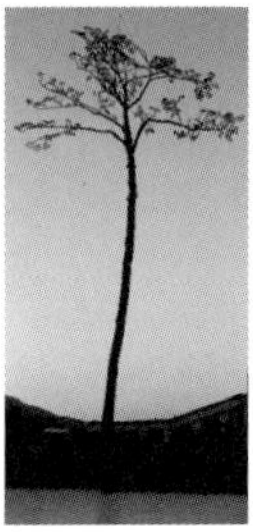

千の流れ星
漂流ポストに寄せられた千通の手紙より

発　行　2025年3月11日　第1刷
著　者　狩野耕生
発行者　武井甲一
発行所　河北新報出版センター
〒980-0022
仙台市青葉区五橋一丁目2-28
株式会社河北アド・センター内
TEL　022（214）3811
https://kahoku-books.co.jp

協　力　赤川勇治
デザイン　パレードブックス
印刷所　山口北州印刷株式会社

ISBN 978-4-910835-18-1